RAPHAELA HENTRICH

MAKRAMEE Super Easy FÜR KIDS

RAPHAELA HENTRICH

MAKRAMEE

Super Easy FÜR KIDS

Knüpfen total einfach
und selbst gemacht

EMF

EIN BUCH DER
EDITION MICHAEL FISCHER

Inhalt

Seite 42

Seite 52

Grundlagen

MAKRAMEE Technik

Beim Makramee werden Arbeitsfäden und Trägermedien unterschieden. Häufig sind die Trägermedien ebenfalls Fäden (=Trägerfäden), können aber auch Holzstäbe, Äste, Ringe und andere Gegenstände sein. Die Arbeitsfäden sind beim Knoten die Fäden, mit denen geknotet wird. Um die Trägerfäden oder andere Trägermedien wird im Gegensatz dazu (mit den Arbeitsfäden) herumgeknotet. Du kannst die Knoten entlang des Trägermediums verschieben. Beim Knoten ist es wichtig, dass du versuchst, die Knoten immer gleich stark festzuziehen, um ein gleichmäßiges Knotenbild zu erhalten. Pass auf, dass deine Knoten nicht zu locker sind, ziehe sie ordentlich fest, wie beim Schuhebinden.

DIE KNOTEN

Ankerknoten

Der Ankerknoten ist (fast) immer der Beginn eines jeden Makramees. Du verwendest ihn, um Fäden an deinem Trägermedium zu befestigen.

1.

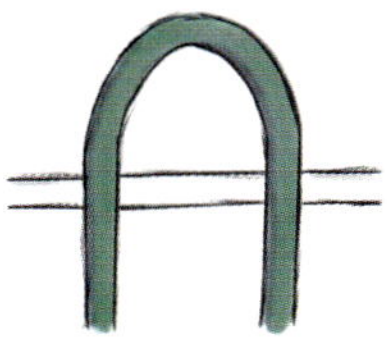

Halbiere den Arbeitsfaden und lege die Schlaufe deines zusammengelegten Fadens auf das Trägermedium.

2.

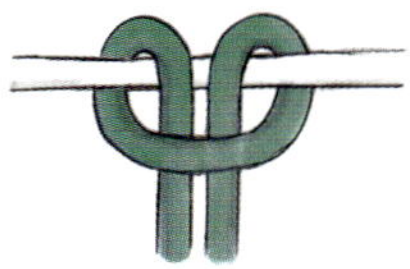

Führe die Enden um das Trägermedium herum durch die Schlaufe.

3.

An den Enden ziehen, um den Knoten festzuziehen.

Wellenknoten

Der Wellenknoten ist ein beliebter Knoten, der durch seine Einfachheit und sein hübsches Aussehen auffällt.

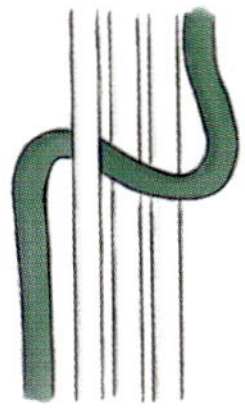

1.

Lege den rechten Arbeitsfaden über die beiden Trägerfäden. Nimm den linken Arbeitsfaden und halte ihn über den gerade drübergelegten rechten Arbeitsfaden.

> **TIPP**
>
> Wenn du 4–5 Wellenknoten geknüpft hast, ist es hilfreich, die Fäden in den Händen miteinander zu tauschen. So kannst du entspannt weiterknüpfen.

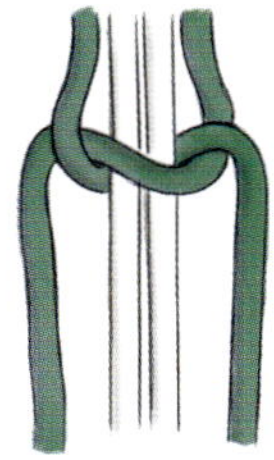

2.

Führe nun den linken Arbeitsfaden unter den beiden Trägerfäden durch die Schlaufe des rechten Arbeitsfadens hindurch nach vorne. Ziehe an beiden Arbeitsfäden, um den Knoten festzuziehen.

3.

Wenn du mehrere Wellenknoten untereinander knotest, entsteht ein gedrehter Strang. Du kannst den Grad der Drehung beeinflussen, indem du die Knoten entlang der Trägerfäden zusammenschiebst oder auseinanderziehst. Außerdem kannst du den Strang auch nachträglich noch ein bisschen in sich ein- oder aufdrehen.

Kreuzknoten

Der Kreuzknoten ist einer der beiden Grundknoten. Basis des Kreuzknotens sind meist 4 Fäden, bestehend aus 2 doppelt gelegten Fäden.

1.

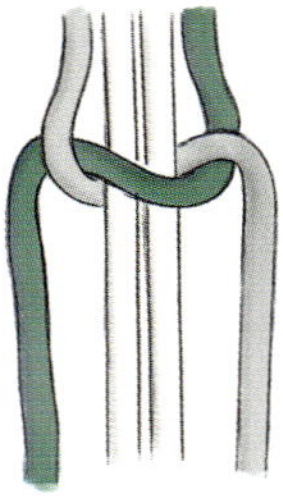

Knote einen Wellenknoten. Folge dazu den Schritten 1–2 des Wellenknotens.

2.

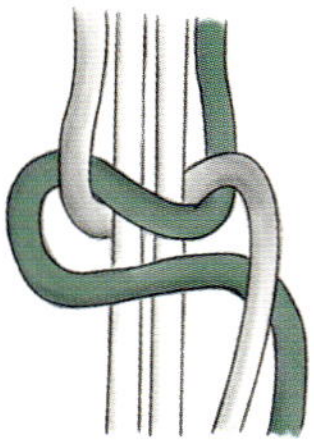

Wiederhole den Wellenknoten spiegelverkehrt, um den Kreuzknoten zu vervollständigen. Beginne also nun mit dem linken Arbeitsfaden. Lege ihn über die beiden Trägerfäden. Nimm den rechten Arbeitsfaden und halte ihn wieder über den gerade drübergelegten Arbeitsfaden.

3.

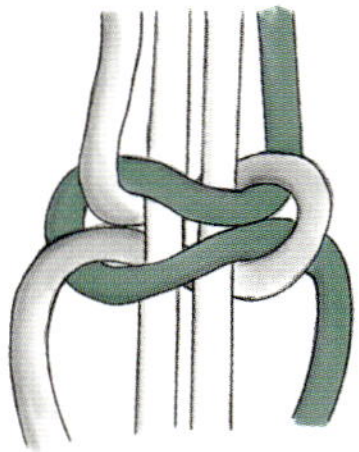

Führe den rechten Arbeitsfaden unter den beiden Trägerfäden durch die Schlaufe des linken Arbeitsfadens hindurch nach vorne. Ziehe an beiden Arbeitsfäden, um den Knoten festzuziehen. Beim Knoten mehrerer Kreuzknoten untereinander kann man vor allem am Anfang schnell den Überblick verlieren, ob man mit Schritt 1 oder 2 weiterknoten muss. Achte dabei immer auf den ersten Kreuzknoten. Bei ihm ist auf der rechten Seite eine Schlaufe, die senkrecht verläuft. Liegt diese Schlaufe auf der rechten Seite, knotest du mit Schritt 1 weiter. Sollte die senkrechte Schlaufe auf der linken Seite liegen, dann knotest du mit Schritt 2 weiter.

Abnehmendes Kreuzknotenmuster

Durch das abnehmende Kreuzknotenmuster entsteht ein Dreiecksmuster.

1.

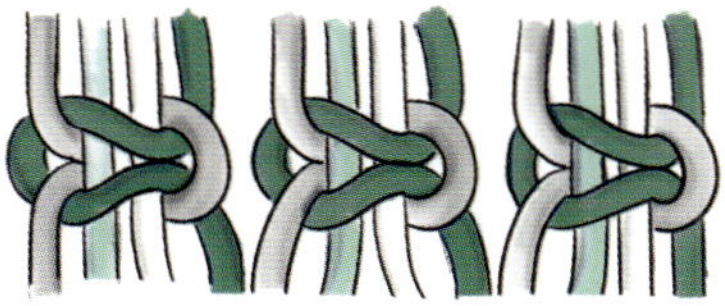

Als Beispiel für die Technik nehmen wir eine Reihe mit drei Kreuzknoten. Die Technik funktioniert mit Reihen aus beliebig vielen Kreuzknoten.

2.

Lege in der ersten abnehmenden Reihe auf beiden Seiten je zwei Stränge zur Seite. Knote mit den restlichen Strängen Kreuzknoten, in diesem Beispiel zwei Kreuzknoten.

3.

In der darauffolgenden Reihe werden zusätzlich zwei weitere Stränge auf beiden Seiten zur Seite gelegt, sodass nun auf beiden Seiten je vier Stränge weggelegt wurden. Knote mit den restlichen Strängen Kreuzknoten, in diesem Beispiel ein Kreuzknoten.

Versetztes Kreuzknotenmuster

Der versetzte Kreuzknoten eignet sich super, um gleichmäßige Flächen zu knüpfen.

1.

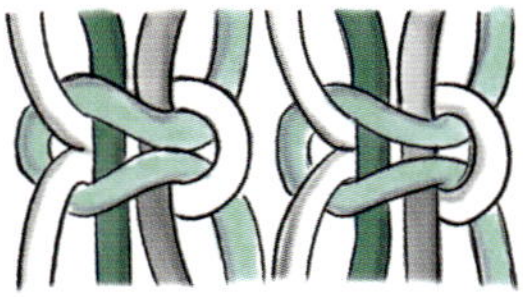

Für das Beispiel wurden zwei Kreuzknoten geknotet.

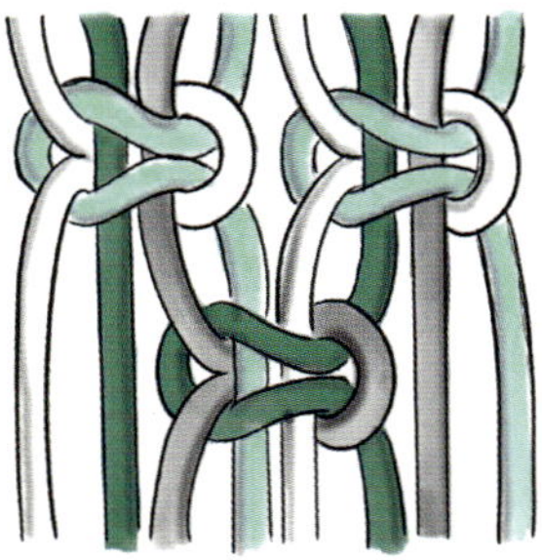

2.

Um in der darauffolgenden Reihe einen versetzten Kreuzknoten zu knoten, nimmst du zwei Stränge des einen Knotens der Reihe zuvor und die zwei danebenliegenden Stränge des nächsten Knotens, sodass du wieder vier Stränge für einen neuen Kreuzknoten hast. Hier verkürzt du also die Reihe.

3.

Damit das versetzte Muster fortgeführt werden kann, knotest du in der nächsten Reihe zwei Kreuzknoten, wie in Schritt 1 gezeigt. Hier wird also eine zunehmende Reihe geknotet.

Rippenknoten

Beim Rippenknoten hast du immer einen Trägerfaden und einen Arbeitsfaden. Der Trägerfaden sollte immer mit Spannung in der Hand gehalten werden, in deren Richtung auch geknüpft wird. Konkret heißt das: Möchtest du dein Muster nach rechts entstehen lassen, nimmst du das linke Garn in deine rechte Hand. Rufe dir das am besten immer wieder ins Gedächtnis.

Den Trägerfaden beim Knoten in die Richtung halten, in die die Rippe verlaufen soll. Lege den ersten Arbeitsfaden locker nach oben über den Trägerfaden. Ziehe den Arbeitsfaden um den Trägerfaden durch die eigene Schlaufe. Ziehe den ersten Umschlag fest, indem du mit der einen Hand den Trägerfaden straff hältst und mit der anderen Hand den Knoten entlang des Trägerfadens zur Endposition ziehst.
Wiederhole das Vorgehen für den zweiten halben Umschlag (A). Für einen weiteren Rippenknoten wird nun ein neuer Arbeitsfaden genommen.

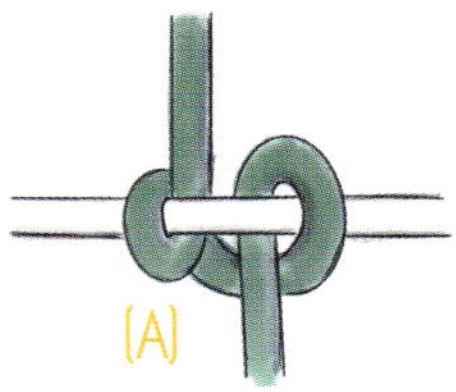

Wickelknoten

Der Wickelknoten wird oft zum Beenden und Fixieren der Fäden eines Projekts verwendet.

Der Wickelknoten wird mit einem zusätzlichen Faden geknotet. Forme an einem Ende des Extrafadens eine kleine Schlaufe und lege sie auf die Fäden, die zusammengehalten werden sollen (A). Die Schlaufe sollte ein paar Zentimeter größer sein, als der Wickelknoten breit wird. Wickel dann das lange Ende fest und gleichmäßig um die Schlaufe und die Fäden in Richtung Schlaufe. Achte darauf, dass das kurze Ende nicht ganz umwickelt wird. Wenn du die gewünschte Breite des Wickelknotens erreicht hast, führe das umwickelte Ende durch die Schlaufe (B).

Halte das umwickelte Ende weiterhin straff und ziehe oben an dem Schlaufenende, sodass die Schlaufe unter dem Wickelknoten verschwindet (C). Schneide die beiden Enden bündig zum Knoten ab.

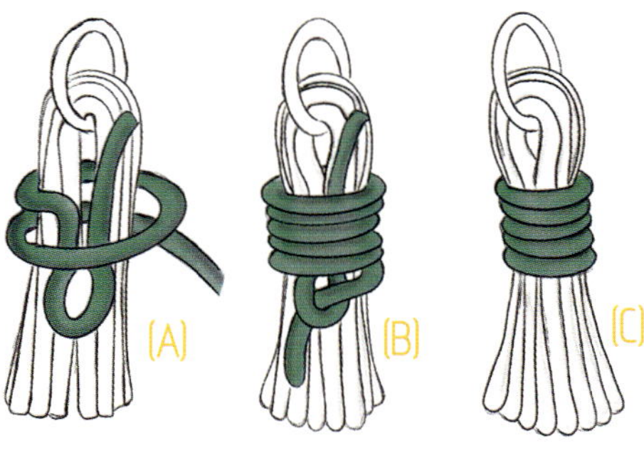

TIPPS & Tricks

Gestalte deinen Arbeitsplatz so, dass du entspannt knüpfen kannst. Dazu hilft es, deine Projekte an stabilen Gegenständen zu befestigen, die nicht leicht verrutschen können.

Am Anfang braucht man ein bisschen Geduld, aber wenn du etwas übst, hast du die Technik der Knoten schnell raus und eine riesige Freude beim Knüpfen.

Für einige Projekte kannst du eine Bürste zum Auskämmen der Fäden verwenden. Am liebsten benutze ich dafür eine Katzen- oder Hundebürste aus dem Zoofachgeschäft.

Für manche Projekte, bei denen du nur kurze Garne benötigst, wie die Feder, kannst du prima Garnreste aufbrauchen.

Ich gebe dir in den Anleitungen immer Anregungen, welche Garnfarben ich für die Projekte auf den Bildern verwendet habe. Aber natürlich kannst du die Farben ganz nach deinem Geschmack auswählen!

Materialkunde

Makramee kann generell mit allen Garnen geknotet werden, seien es Natur- oder Kunstfasern. Meistens jedoch wird Baumwollgarn verwendet. Garne werden aber nicht nur aufgrund ihrer Fasern unterschieden, sondern auch nach dem Herstellungsverfahren beziehungsweise ihrer Beschaffenheit. Man unterscheidet gezwirnte, also in sich gedrehte, und geflochtene Garne. Dabei hat jede Art von Garn ihre eigenen charakteristischen Eigenschaften, wodurch sich ein eigenes Knotenbild ergibt. Für dieses Buch habe ich ausschließlich Garne in den Stärken 2–4 mm verwendet. Inzwischen gibt es nicht nur naturfarbene Makramee-Garne, sondern auch Garne in den verschiedensten Farben.

GARN FÜR ANFÄNGER*INNEN

Ich empfehle für Anfänger*innen geflochtene Garne. Eine tolle und ebenfalls für den Anfang geeignete Alternative sind mehrfach gezwirnte Garne, wenn man sich ein stärkeres Ausfransen der Enden wünscht. Einfach gezwirntes Garn würde ich Anfänger*innen nicht empfehlen. Am Ende entscheidet aber natürlich auch die Vorliebe darüber, welches Garn am besten zu dir passt. Probiere verschiedene Garne und finde für dich heraus, mit welchem du gut zurechtkommst.

Mit der Zeit lernt man die Garne und ihre Besonderheiten kennen, und es fällt einem leichter, die passende Wahl für ein bestimmtes Projekt zu treffen.

GEFLOCHTENE GARNE

Geflochtene Garne fransen unten nur wenig von alleine aus. Außerdem ist das geflochtene Garn elastischer im Vergleich zu gezwirnten Garnen. Das macht generell keinen Unterschied beim Knoten, kann aber zuerst ungewohnt sein, wenn man nur das Knoten mit gezwirnten Garnen kennt.

GEZWIRNTE GARNE

Gezwirnte Garne neigen dazu, sich an den Enden aufzudrehen. Man unterscheidet bei gezwirnten Garnen in einfach gezwirnt und mehrfach gezwirnt. Beim einfach gezwirntem Garn sind die einzelnen Fasern zu einem Strang verdreht. Dadurch neigt diese Art Garn auch sehr stark zum Aufdrehen beim Knoten. Leider kann es dadurch auch passieren, dass sich beim Knoten einzelne Fasern ineinander verfangen, was das Knoten erschwert. Außerdem eignet sich dieses Garn nicht für Accessoires, da man sich bei dem Garn sehr schnell Fäden ziehen kann, sobald man irgendwo mit dem Schmuckstück hängen bleibt.

Wenn man trotzdem möchte, dass die Enden ausfransen, aber das einfach gezwirnte Garn umgehen möchte, ist ein mehrfach gezwirntes Garn eine gute Alternative. Beim mehrfach gezwirntem Garn sind die einzelnen Fasern zu dünnen Strängen verdreht, wobei diese dünnen Stränge ebenfalls miteinander verzwirnt wurden. Dadurch verfangen sich die einzelnen Fasern nicht so schnell beim Knoten, und das Garn bleibt gleichmäßiger, da es nicht so schnell Fäden zieht.

Auch wenn gezwirnte Garne dazu neigen, sich aufzudrehen, sollte beachtet werden, dass sie auch dazu neigen, sich wieder zurückzudrehen. Sollte man also Garn glatt auskämmen wollen, lohnt es sich manchmal, auf geflochtenes Garn zurückzugreifen, oder man fixiert die ausgekämmten Garnenden z. B. mit Haarspray.

Projekte

Dieses Täschchen ist eine tolle Möglichkeit zur Aufbewahrung deiner kleinen Schätze

KLEINES Täschchen

MATERIAL

11 Baumwollfäden (geflochten, ø 4 mm) in Dunkelgelb (jeweils ca. 2 m)

Häkelnadel 6,0 mm, Schere, Klebeband, Maßband

So wird's gemacht

Lege einen Faden waagrecht vor dich und fixiere ihn rechts und links mit einem Klebestreifen. Befestige nun 10 nebeneinanderliegende Fäden mit Ankerknoten (siehe Seite 8) in der Mitte des waagrecht liegenden Fadens.

TIPP

Alternativ zur Fixierung mit Klebestreifen kannst du zur Befestigung den waagrechten Faden auch fest um ein Buch binden und daran knüpfen.

Nun knüpfst du fünf nebeneinanderliegende Kreuzknoten (siehe Seite 10).

Das versetzte Kreuzknotenmuster (siehe Seite 12) erhältst du, indem du die zwei links und rechts liegenden Garne zur Seite nimmst.

Knüpfe nun das versetzte Kreuzknotenmuster, bis du bei 22 Reihen angekommen bist.

Um eine zulaufende Spitze zu erhalten, knüpfst du ein abnehmendes Kreuzknotenmuster (siehe Seite. 11). Statt 2 Fäden legst du aber in der 23. Reihe auf jeder Seite 4 Fäden zur Seite und für die weiteren beiden Reihen die üblichen 2 Fäden pro Seite.

So geht's weiter

Löse nun die Klebestreifen und klappe dein Makramee-Stück so zusammen, sodass das waagrechte Garn weiterhin oben liegt.

Um die beiden Teile zu verbinden, fädelst du das waagrecht liegende Garn mit der Häkelnadel durch die an den Seiten entstandenen Schlaufen. Führe das Garn am unteren Teil des Täschchens ins Innere der Tasche und oben wieder nach außen. Knote nun deine Taschenbänder in der gewünschten Länge zusammen.

Schneide alle Enden gleichmäßig ab und franse sie mit einer Bürste aus.

Mit diesem Anhänger sieht dein Schulranzen oder Rucksack ganz bestimmt nicht so aus wie die deiner Mitschüler*innen!

MAKRAMEE Anhänger

MATERIAL

10 Baumwollfäden (gezwirnt, ø 4 mm) in Dunkelgelb (jeweils ca. 40 cm)

2 Baumwollfäden (gezwirnt, ø 4 mm) in Altrosa (jeweils ca. 40 cm)

Holzring (ø ca. 4,5 cm), Holzperle, Schere, Maßband, Bürste

So wird's gemacht

1.

Lege deine 10 Fäden in Dunkelgelb durch den Holzring, sodass alle Enden gleich lang sind.

2.

Nun knüpfst du mit einem Faden in Altrosa einen Wickelknoten (siehe Seite 14) direkt unter dem Holzring.

3.

Im nächsten Schritt befestigst du den übrig gebliebenen Faden mit einem Ankerknoten (siehe Seite 8) an deinem Holzring und fädelst durch die beiden Enden die Holzperle. Anschließend verknotest du oben die beiden Enden miteinander.

4.

Zuletzt bürstest du die Fäden aus und schneidest sie dann auf deine gewünschte Länge zu.

TIPP

Bei diesem Anhänger kannst du deiner Fantasie freien Lauf lassen und verschiedene Farben und Holzperlen miteinander kombinieren.

Ob über deinem Bett oder an deiner Schranktüre, der bunte Wandbehang ist ein echter Blickfang

MAKRAMEE Wandbehang

MATERIAL

5 Baumwollfäden (gezwirnt, ø 4 mm) in Beige (jeweils ca. 70 cm)

10 Baumwollfäden (gezwirnt, ø 4 mm) in Beige (jeweils ca. 60 cm)

10 Baumwollfäden (gezwirnt, ø 4 mm) in Beige (jeweils ca. 50 cm)

10 Baumwollfäden (gezwirnt, ø 4 mm) in Beige (jeweils ca. 40 cm)

1 Baumwollfaden (geflochten, ø 4 mm) in Orange (ca. 1,8 m)

2 Baumwollfäden (geflochten, ø 4 mm) in Gelb (jeweils ca. 1,6 m)

2 Baumwollfäden (geflochten, ø 4 mm) in Lila (jeweils ca. 1,4 m)

2 Baumwollfäden (geflochten, ø 4 mm) in Rot (jeweils ca. 1,2 m)

1 Baumwollfaden als Aufhängung (geflochten, ø 4 mm) in Gelb (ca. 70 cm)

Stock (ca. 30 cm lang), Schere, Maßband, Bürste

ggf. Kleber

So wird's gemacht

1.

Befestige die fünf 70 cm langen Fäden in Beige in einem Bund mit einem einzigen gemeinsamen Ankerknoten (siehe Seite 8) mittig am Stock. Platziere nun daneben auf der rechten und linken Seite jeweils fünf 60 cm lange Garne in Beige mit einem Ankerknoten. Danach befestigst du links und rechts die 50 cm langen und dann die 40 cm langen Fäden in Beige mit Ankerknoten.

2.

Beginne nun mit dem Faden in Orange und knüpfe um den mittleren beigen Fadenbund 14 Kreuzknoten (siehe Seite 10) untereinander.

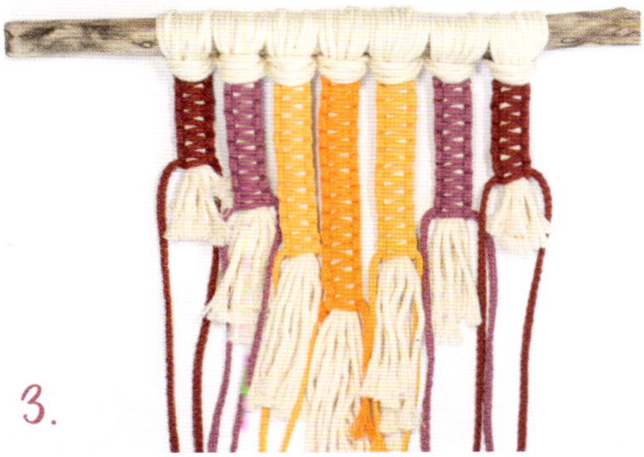

3.

Knüpfe nun alle weiteren bunten Garne per Kreuzknoten um die restlichen 6 Fadenbünde. Achte darauf, dass du die Anzahl der Kreuzknoten daran anpasst, wie lang die beigen Fäden sind. Mit den gelben Fäden machst du nur ein paar Knoten weniger als du mit den orangen Fäden gemacht hast. Mit den pinken Fäden machst du wieder ein paar Knoten weniger als mit den gelben Fäden. Und mit den roten Fäden wieder ein paar weniger als mit den pinken.

So geht's weiter

4.

Drehe deinen Wandbehang um und verknote alle bunten Garnenden mit festen Knoten. Schneide alle Enden so kurz wie möglich ab und verklebe sie, wenn du möchtest, um sie zu sichern. Bürste daraufhin die Enden des beigen Garns aus und schneide sie passend zurecht. Befestige zuletzt das 70 cm lange Garn mit einfachen Knoten als Aufhängung an deinem Stock.

TIPP

Versuche, die Fäden immer gleich stark festzuziehen. So erhältst du ein gleichmäßiges Gesamtbild.

Mit diesem Lesezeichen findest du immer die richtige Seite in deinem Buch!

MAKRAMEE Lesezeichen

MATERIAL

Schere, Klebeband, Maßband, eine Holzperle

2 Baumwollfäden (geflochten, ø 4 mm) in Blau (jeweils ca. 40 cm)

1 Baumwollfaden (geflochten, ø 4 mm) in Blau (ca. 2 m)

2 Baumwollfäden (geflochten, ø 4 mm) in Grün (jeweils ca. 2 m)

So wird's gemacht

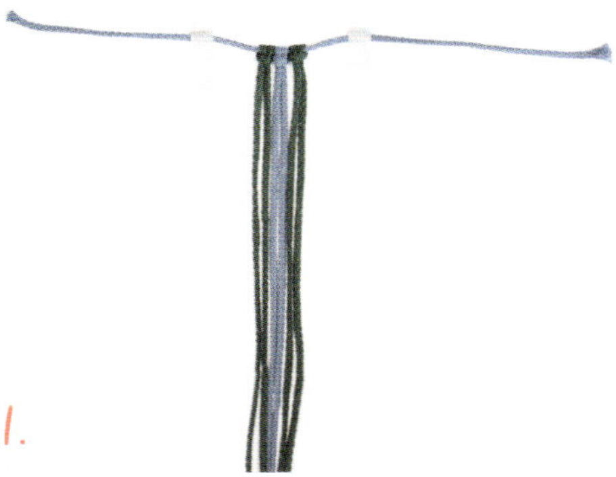

1\.

Fixiere einen der 40 cm langen Fäden in Blau mit den Klebestreifen waagerecht vor dir. Knüpfe nun per Ankerknoten (siehe Seite 8) die 3 Fäden mit einer Länge von 2 m (in Grün, Blau, Grün) an den waagrecht liegenden Faden.

2\.

Knote jetzt das versetzte Kreuzknotenmuster (siehe Seite 12) so lange, bis auf jeder Seite 13 Kreuzknoten sind.

3.

Verwende nun den letzten Faden in Blau und knüpfe damit einen Wickelknoten (siehe Seite 14).

4.

Fädle die beiden oberen Enden durch die Holzperle und verknote sie danach. Schneide zuletzt alle Enden auf deine gewünschte Länge zu.

Diese Blume ist der perfekte Geschenkanhänger für die nächste Geburtstagsfeier, zu der du eingeladen wirst.

MAKRAMEE Blume

MATERIAL

1 Baumwollfaden (geflochten, ø 4 mm) in deiner Lieblingsfarbe (ca. 2,35 m)

Holzring (ø ca. 4,5 mm), Schere, Maßband

So wird's gemacht

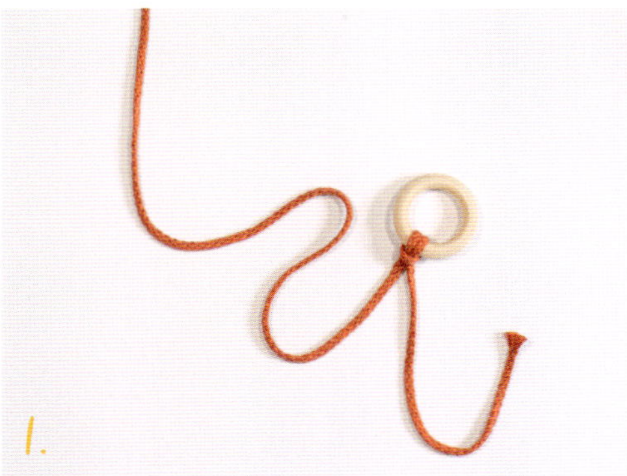

Lege mit dem Faden eine Schlaufe, sodass ein Ende ca. 20 cm lang ist. Nun befestigst du deine Schlaufe per Ankerknoten (siehe Seite 8) an dem Holzring, sodass das kurze Ende auf der rechten Seite liegt.

Dann ziehst du den langen Faden von vorne durch den Holzring und führst das Ende durch die entstandene Schlaufe durch. Achte darauf, dass die Schlaufe dabei das erste Blütenblatt bildet.

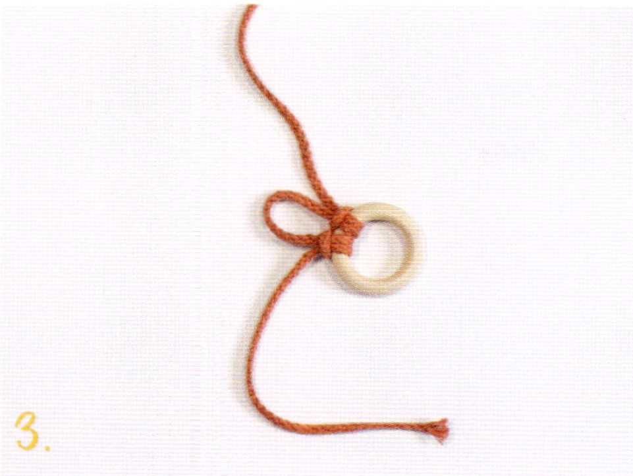

Nun führst du wieder den langen Faden von hinten durch den Holzring und das Ende direkt durch die entstandene Schlaufe. Ziehe den Faden fest.

Wiederhole nun Schritt 2 und 3 den gesamten restlichen Holzring über. Achte dabei darauf, dass deine Blütenblätter immer die gleiche Größe haben. Zuletzt machst du einen Knoten mit den beiden losen Enden.

TIPP

Damit die Blütenblätter die gleiche Größe haben, solltest du immer wieder die schon geknüpften Blütenblätter in Form ziehen.

Dieser Haarreif mit Ohren darf in deiner Verkleidungskiste nicht fehlen!

HAARREIF *mit Ohren*

MATERIAL

4 Baumwollfäden (geflochten, ø 4 mm) in Schwarz (jeweils ca. 1,4 m)

4 Baumwollfäden (geflochten, ø 4 mm) in Weiß (jeweils ca. 1 m)

Haarreif, Flüssigkleber, Schere, Maßband

So wird's gemacht

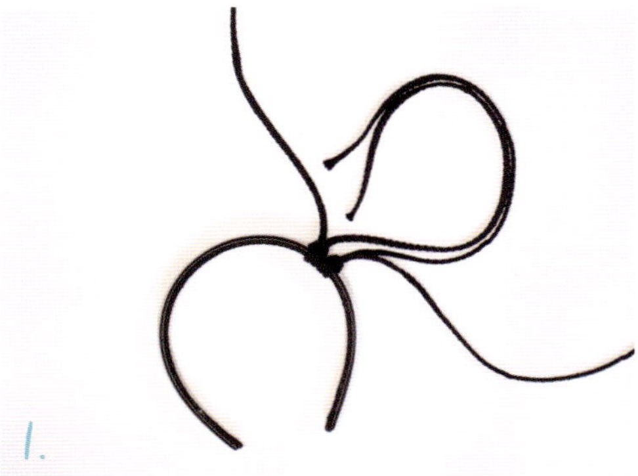

1.

Lege einen schwarzen Faden doppelt, sodass eine Seite des Fadens eine Länge von 40 cm und die andere eine Länge von 1 m hat. Befestige ihn per Ankerknoten (siehe Seite 8) seitlich am Haarreif. Wiederhole den vorherigen Schritt so, dass nun die innen liegenden Fäden der insgesamt vier Fäden eine Länge von 40 cm haben und die beiden links und rechts davon liegenden Fäden eine Länge von 1 m haben.

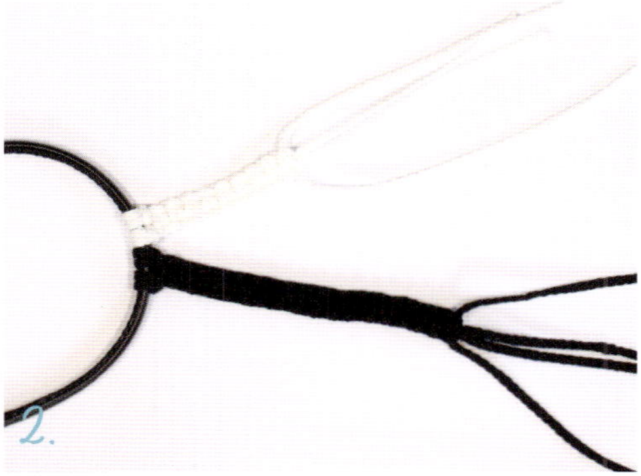

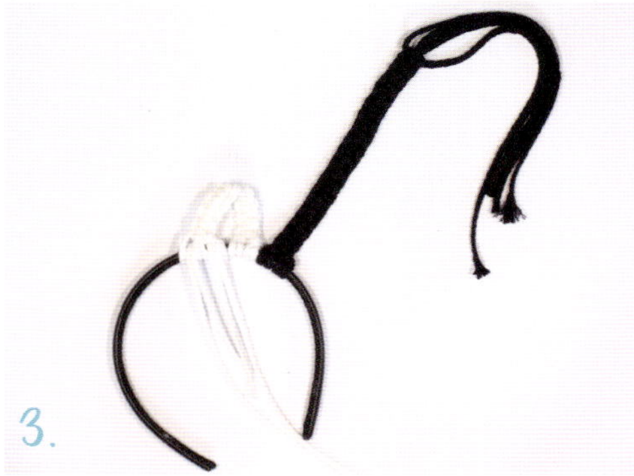

Knüpfe so lange Kreuzknoten (siehe Seite 10) untereinander, bis sie eine Länge von 15 cm erreichen. Befestige dann die weißen Fäden direkt neben den schwarzen Faden, sodass die beiden innen liegenden Fäden eine Länge von ca. 25 cm und die links und rechts daneben liegenden Fäden eine Länge von ca. 75 cm haben. Knüpfe mit den weißen Fäden so lange Kreuzknoten, bis du ein 8 cm langes Band erhältst.

Lege dann die beiden äußeren Fäden von vorne über den Haarreif und ziehe die beiden Enden durch die entstandenen Schlaufen durch. Wiederhole diesen Schritt noch einmal mit den schwarzen Fäden.

TIPP

Verwende für Hasenohren einfach die doppelte Länge an Garn.

Um das zweite Ohr zu knüpfen, wiederhole die Schritte 1 bis 3 direkt neben dem bereits geknüpften Ohr. Verknote nun alle Enden gut und schneide sie ab.

So geht's weiter

5.

Fixiere die kurzen Enden mit dem Flüssigkleber.

TIPP

Um spitze Ohren zu erhalten, drückst du die äußeren Garnstränge mit deinen Fingern zusammen.

Ob Wanddekoration oder als Anhänger, diese Feder
ist immer ein farbenfroher Hingucker

DEKORATIVE Feder

MATERIAL

1 Baumwollfaden (gezwirnt, ø 4 mm) in Rot (ca. 60 cm)

16 Baumwollfäden (gezwirnt, ø 4 mm) in Rot (jeweils ca. 16 cm)

16 Baumwollfäden (gezwirnt, ø 4 mm) in Grau (jeweils ca. 16 cm)

6 Baumwollfäden (gezwirnt, ø 4 mm) in Pink (jeweils ca. 16 cm)

Schere, Klebestreifen, Maßband, Bürste

ggf. Sprühkleber/Fixierspray

So wird's gemacht

1.

Halbiere den 60 cm langen Faden, lege ihn senkrecht vor dich und fixiere ihn mit einem Klebestreifen. Dieser Faden wird in den nächsten Schritten als Trägermedium bezeichnet. Anschließend legst du einen roten 16 cm langen Faden doppelt. Lege ihn anschließend waagrecht unter das Trägermedium, sodass rechts eine Schlaufe entsteht. Nun führst du einen weiteren doppelt gelegten Faden von unten durch die gerade entstandene Schlaufe. Im nächsten Schritt ziehst du die Fadenenden des unten liegenden Fadens durch die obere Schlaufe und ziehst gleichzeitig beide Fadenenden fest.

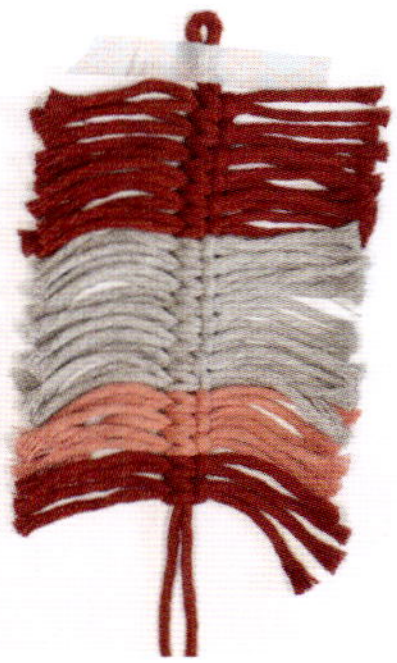

2.

Wiederhole nun Schritt 2 ab „Anschließend legst du …“ abwechselnd links und rechts in dieser Reihenfolge: Zuerst benutzt du 6x Fäden in Rot, dann 8x Fäden in Grau, daraufhin 3x Fäden in Pink und zuletzt noch einmal 2x Fäden in Rot.

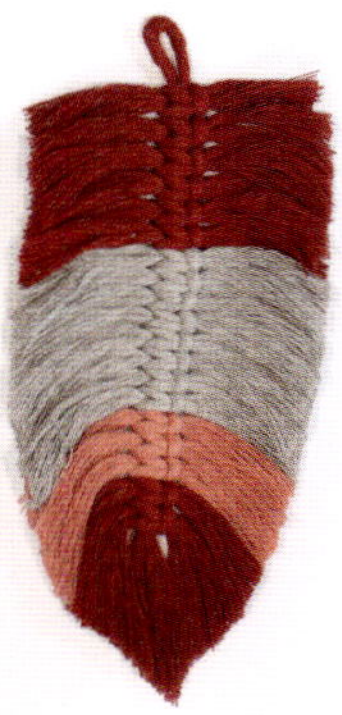

3.

Anschließend bürstest du die Feder aus und schneidest sie in die gewünschte Form.

TIPP

Die Feder lässt sich etwas leichter zuschneiden, wenn du sie zuvor mit Sprühkleber oder Fixierspray (erhältlich im Baumarkt oder Bastelladen) einsprühst. Außerdem bleibt die Feder so besser in ihrer Form.

Dieser farbenfrohe Schlüsselanhänger sieht an jedem Schlüsselbund großartig aus.

MAKRAMEE Schlüsselanhänger

MATERIAL

2 Baumwollfäden (gezwirnt, ø 4 mm) in Gelb (ca. 1 m)

1 Baumwollfaden (gezwirnt, ø 4 mm) in Gelb (ca. 60 cm)

1 Baumwollfaden (gezwirnt, ø 4 mm) in Pink (ca. 40 cm)

Schlüsselring (ø ca. 3 cm), Schere, Klebeband, Bürste, Maßband

So wird's gemacht

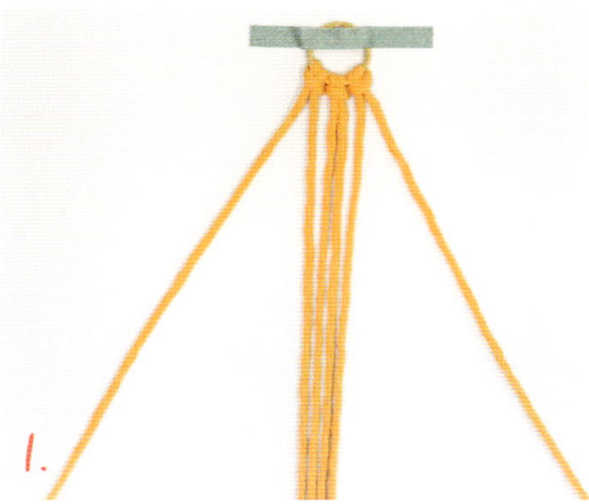

1.

Nimm den 60 cm langen Faden doppelt und befestige ihn per Ankerknoten (siehe Seite 8) an deinem Schlüsselring. Nimm einen 1 m langen Faden so doppelt, dass er auf einer Seite 30 cm und auf der anderen 70 cm lang ist. Knüpfe den Faden mit einem Ankerknoten links neben dem bereits angeknüpften Faden so an, dass der 30 cm lange Faden neben dem bereits angeknüpften Faden liegt. Wiederhole das gleiche auf der rechten Seite des ersten Fadens mit dem zweiten 1 m langen Faden. Du hast jetzt in der Mitte vier 30 cm lange Fäden und links und rechts jeweils einen 70 cm langen Faden. Befestige nun den Schlüsselring mit dem Klebestreifen auf deiner Unterlage.

2.

Knüpfe nun den linksgedrehten Wellenknoten (siehe Seite 9) für vier Drehungen.

3.

Drehe deinen Schlüsselanhänger um und verschließe deine Enden mit dem roten 40 cm langen Faden per Wickelknoten (siehe Seite 14).

Schneide die Fadenenden auf die gewünschte Länge ab und bürste sie aus.

TIPP

Tausche nach vier bis fünf geknüpften Wellenknoten die Fäden in den Händen, sodass gleichmäßige Drehungen entstehen.

Keine richtige Fee oder Magier*in wäre wirklich vollständig ohne ihren bzw. seinen Zauberstab!

MAKRAMEE Zauberstab

MATERIAL

1 Baumwollfaden (gezwirnt, ø 4 mm) in Grün (ca. 135 cm)

1 Baumwollfaden (gezwirnt, ø 4 mm) in Grün (ca. 40 cm)

9 Baumwollfäden (gezwirnt, ø 4 mm) in Grün (jeweils ca. 70 cm)

Stock, ca. 35 cm lang

Schere, Häkelnadel 6,0 mm, 1 große Holzperle, Maßband

So wird's gemacht

Nimm den 135 cm langen Faden doppelt und lege ihn waagrecht vor dich. Befestige nun die 70 cm langen Fäden mit Ankerknoten (siehe Seite 8) nebeneinander an den waagrecht liegenden Faden und ziehe die offenen Enden des Trägerfadens durch die vorne entstandene Schlaufe.

Nun schiebst du die Ankerknoten so in Richtung Schlaufe aufeinander, dass ein Kreis entsteht.

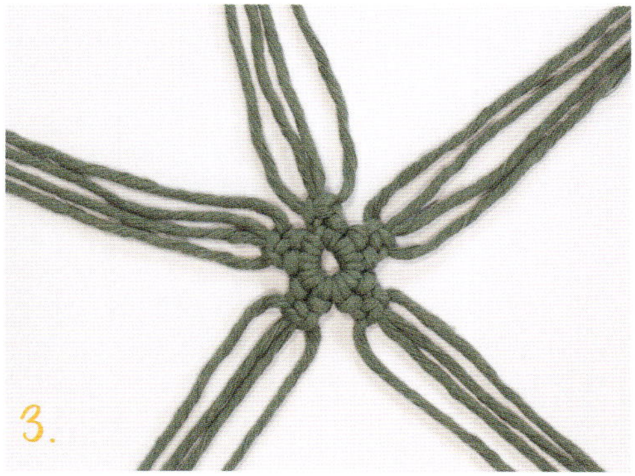

Jetzt knüpfst du mit jeweils vier nebeneinanderliegenden Fäden einen Kreuzknoten (siehe Seite 10).

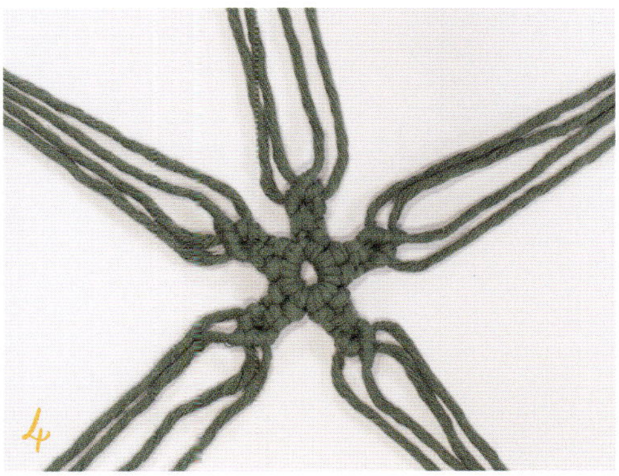

Im nächsten Schritt wendest du die Rippenknotentechnik an. Der links liegende Faden ist der erste Leitfaden. Nimm dieses in deine rechte Hand und knüpfe einen Rippenknoten (siehe Seite 13). Anschließend nimmst du den rechts liegenden Faden als zweiten Leitfaden in deine linke Hand und knüpfst zwei Rippenknoten. Genauso knüpfst du auch auf die restlichen vier Kreuzknoten erst einen und dann zwei Rippenknoten, sodass jeweils eine Spitze entsteht.

So geht's weiter

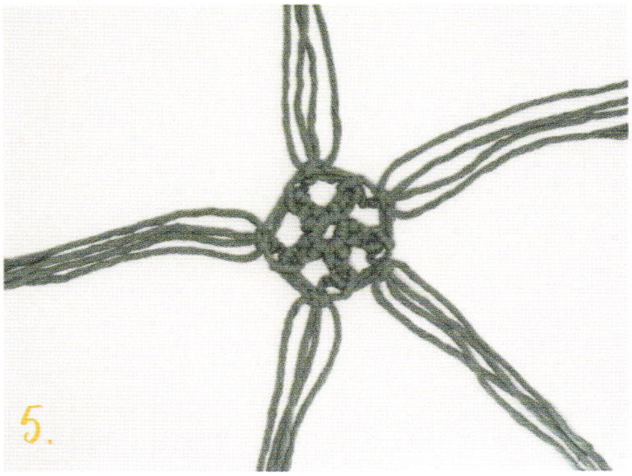

5.

Knüpfe nun für die nächste Reihe versetzte Kreuzknoten, sodass ein Kreis entsteht. Wiederhole dann Schritt 4 mit den Rippenknoten.

6.

Schneide alle Enden auf eine Länge zu. Fädle anschließend die Holzperle auf den 40 cm langen Faden und ziehe die Enden mithilfe der Häkelnadel auf beiden Seiten zwischen den Ankerknoten hindurch.

7.

Knote die Fadenenden fest um deinen Stock und schneide zum Schluss die Enden ab.

Egal, ob es etwas zu feiern gibt oder nicht:
Die Wimpelkette ist ein toller Wandschmuck!

MAKRAMEE Wimpelkette

MATERIAL

1 Baumwollfaden (gezwirnt, ø 4 mm) in Rot (100 cm)
6 Baumwollfäden (gezwirnt, ø 4 mm) in Grün (jeweils 70 cm)
6 Baumwollfäden (gezwirnt, ø 4 mm) in Orange (jeweils 70 cm)
6 Baumwollfäden (gezwirnt, ø 4 mm) in Rot (jeweils 70 cm)
6 Baumwollfäden (gezwirnt, ø 4 mm) in Blau (jeweils 70 cm)
6 Baumwollfäden (gezwirnt, ø 4 mm) in Rosa (jeweils 70 cm)
Schere, Klebestreifen, Maßband
ggf. Bürste

So wird's gemacht

1.

Befestige den 100 cm langen roten Faden mit den Klebestreifen an beiden Enden auf einer glatten Unterlage (z. B. deinem Tisch) und knote die sechs nebeneinanderliegenden Garne einer Farbe per Ankerknoten (siehe Seite 8) daran.

TIPP

Der Trägerfaden sollte immer mit Spannung in der Hand gehalten werden, in deren Richtung auch geknüpft wird.

2.

Um einen spitz zulaufenden Wimpel zu erhalten, knüpfst du nur das abnehmende Kreuzknotenmuster (siehe Seite 11).

TIPP

Wenn du möchtest, kannst du die unteren Fäden der fertigen Wimpelkette ausbürsten – das gibt einen besonders schönen Effekt.

So geht's weiter

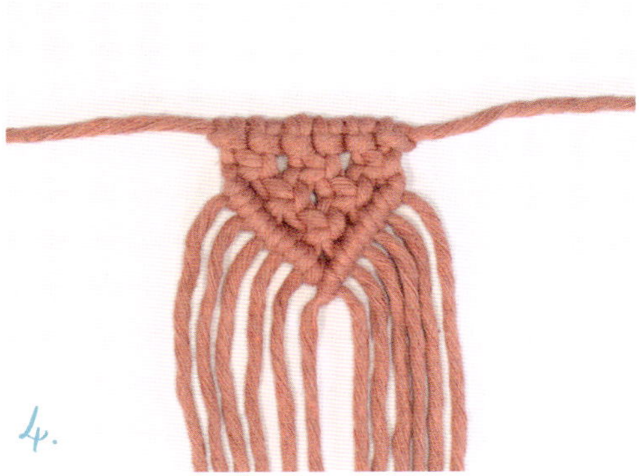

Im nächsten Schritt wendest du die Rippenknotentechnik (siehe Seite 13) an. Das links liegende Garn ist der Trägerfaden.

Nimm diesen in deine rechte Hand und knüpfe eine Rippenknotenreihe bis zur Mitte des Wimpels. Achte darauf, dass die Rippenknotenreihe direkt an den Kreuzknoten entlangläuft.

Anschließend nimmst du das rechts liegende Garn als zweiten Trägerfaden in deine linke Hand und knüpfst ebenfalls eine Rippenknotenreihe entlang deiner Kreuzknoten. Verbinde nun deine beiden Rippenknotenreihen in der Mitte mit einem letzten Rippenknoten. Schneide zuletzt alle Enden auf eine Länge zurecht. Fertig ist dein erster Wimpel! Die restlichen vier Wimpel knüpfst du ganz genauso an dem roten Faden, wie auch schon deinen ersten.

TIPP

Die Wimpelkette sieht von beiden Seiten toll aus! Auf dem großen Foto zeigen die Rippenknoten, die im 4. Schritt geknüpft wurden, zur Wand. Es sieht aber genauso hübsch aus, wenn du deine Kette andersherum aufhängst.

Mit diesem Regenbogen holst du dir Farbe in dein Zimmer! Du kannst ihn in all deinen Lieblingsfarben knüpfen. Wie wäre es mit Grün, Gelb und Blau? Deiner Fantasie sind keine Grenzen gesetzt!

MAKRAMEE Regenbogen

MATERIAL

12 Baumwollfäden (gezwirnt, ø 4 mm) in Natur (jeweils ca. 40 cm)

1 Baumwollfaden (gezwirnt, ø 4 mm) in Lila (250 cm)

1 Baumwollfaden (gezwirnt, ø 4 mm) in Rosa (210 cm)

1 Baumwollfaden (gezwirnt, ø 4 mm) in Rot (190 cm)

Basteldraht, Holzperlen (zwei verschiedene Größen), Schere, Maßband, Bürste, Nadel und eine Schnur, Kleber
ggf. Nähgarn

TIPP

Klemme die Fadenenden unter ein Klemmbrett oder fixiere sie mit einem schweren Gegenstand. So kannst du hier viel entspannter knüpfen.

So wird's gemacht

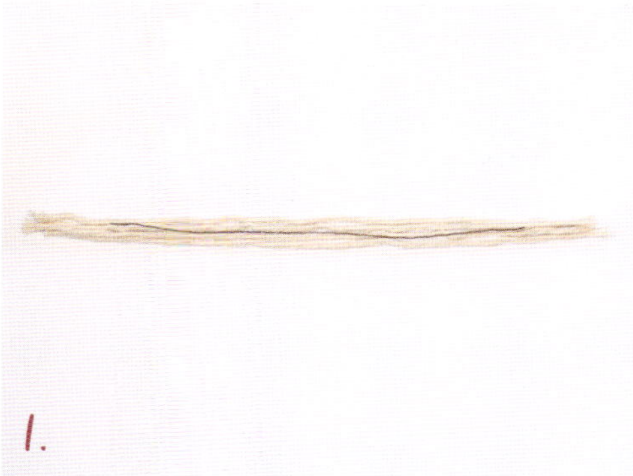

1.

Nimm vier der 40 cm langen Fäden und ein ca. 30 cm langes Stück Draht und lege sie aufeinander.

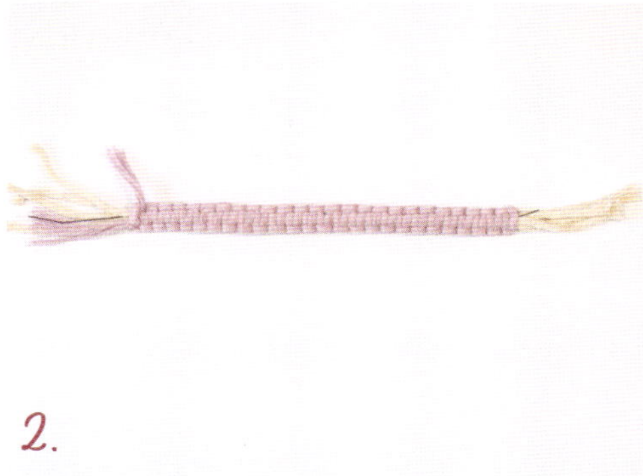

2.

Nun nimmst du den Faden in Lila und knüpfst damit Kreuzknoten (siehe Seite 10), sodass die vier Garne und der Draht umknotet werden. Knüpfe bis du ca. 23 cm erreicht hast. Verknote zuletzt die Enden der farbigen Fäden miteinander.

3.

Wiederhole nun den letzten Schritt mit dem Faden in Rosa bis du 18 cm erreicht hast.

4.

Für die letzte Regenbogenreihe verwendest du den Faden in Rot und knüpfst 14 cm lang Kreuzknoten.

So geht's weiter

5.

Kontrolliere, ob alle bunten Garnenden fest miteinander verknotet sind, und fixiere sie ggf. mit Kleber. Kürze auch die Drahtenden.

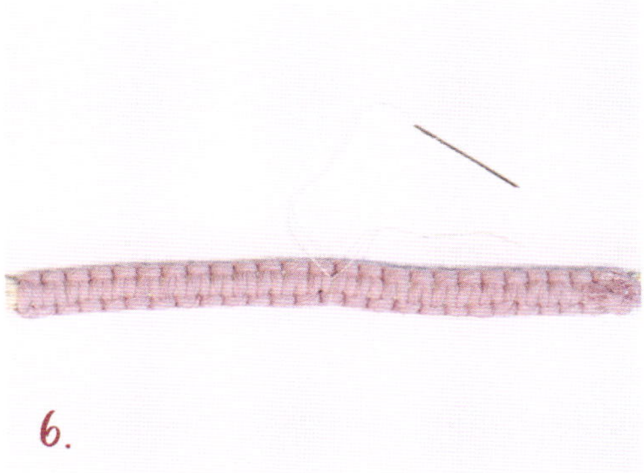

6.

Nun kannst du deine Schnur mit einer Nadel in der Mitte des lilanen Strangs als Aufhängung annähen.

TIPP

Das Fixieren klappt am besten mit einem starken Kleber.

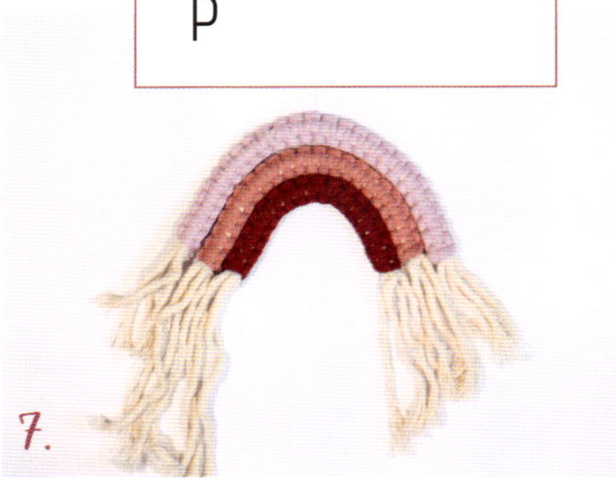

7.

Anschließend werden alle drei Teile zu Bögen geformt und mit Kleber an den oberen Kanten aneinander fixiert.

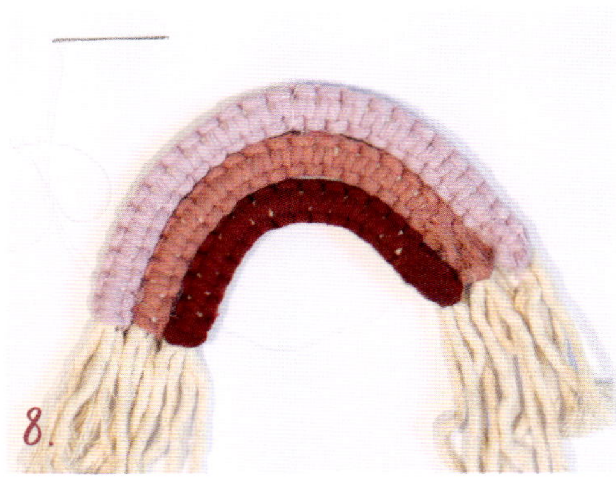

8.

Für einen besseren Halt kannst du deine drei Regenbogenteile noch miteinander mit Nähgarn vernähen. Am besten machst du das auf jeder Seite außen und in der Mitte.

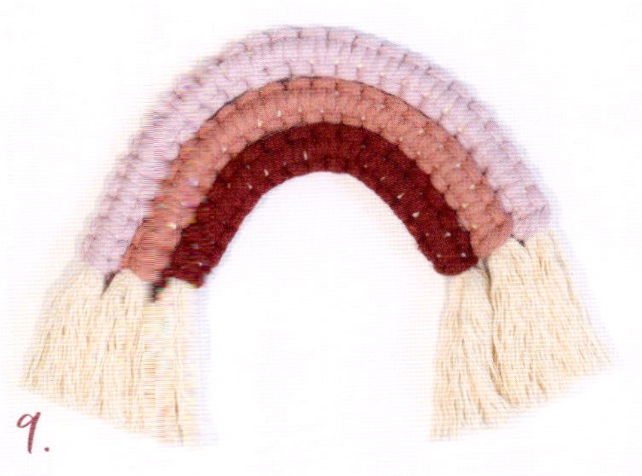

9.

Kämme nun die Enden aus und schneide sie auf eine Länge zurecht.

10.

Fädle zuletzt die Holzperlen auf deine Aufhängung.

Dieser Siftehalter ist ein super nützlicher Ordnungshelfer und schmückt dabei noch deinen Schreibtisch!

MAKRAMEE Siftehalter

MATERIAL

1 Baumwollfaden (gezwirnt, ø 4 mm) in Türkis (ca. 80 cm)

19 Baumwollfäden (gezwirnt, ø 4 mm) in Türkis (jeweils ca. 65 cm)

Glas mit Schraubverschluss (Öffnung ø 6 cm, 10 cm hoch), Schere, Maßband

So wird's gemacht

1.

Lege den 80 cm langen Faden um den oberen Teil des Glases, an dem normalerweise der Schraubverschluss wäre, und mache einen Knoten, sodass die beiden Enden gleich lang sind.

2.

Nimm den Faden nochmal vom Glas ab.

Befestige nun die 19 Baumwollfäden per Ankerkoten (siehe Seite 8) an deinem Faden.

Ziehe dann den Fadenkreis wieder über den Schraubverschluss-Teil des Glases.

TIPP

Hier entstehen recht viele Reste, die du super bei dem Projekt „Feder“ weiterverwenden kannst.

Jetzt knüpfst du immer mit vier nebeneinanderliegenden Fäden einen Kreuzknoten (siehe Seite 10).

Damit eine Spitze entstehen kann, knüpfst du nun immer mit zwei Kreuzknoten das versetzte Kreuzknotenmuster (siehe Seite 12). Dafür verbindest du immer zwei Kreuzknoten mit einem weiteren Kreuzknoten.

So geht's weiter

7.

Im nächsten Schritt wendest du die Rippenknotentechnik (siehe Seite 13) an. Der links liegende Faden ist dein erster Trägerfaden. Nimm ihn in deine rechte Hand und knüpfe bis zur Mitte des Kreuzknotens. Achte darauf, dass die Rippenknotenreihe direkt an den Kreuzknoten entlangläuft.

8.

Anschließend nimmst du den rechts liegenden Faden als zweiten Trägerfaden in deine linke Hand und knüpfst ebenfalls eine Rippenknotenreihe.

9.

Verbinde nun deine beiden Rippenknotenreihen in der Mitte mit einem letzten Rippenknoten.

10.

Wiederhole die letzten drei Schritte, bis du insgesamt 5 Spitzen geknüpft hast.

11.

12.

Nimm nun immer acht Fäden und knüpfe mit den beiden äußeren einen Kreuzknoten, sodass die 6 innen liegenden Fäden umknotet werden.

Schneide zuletzt die Fäden so ab, dass sie auf einer Länge mit dem Glasboden sind.

TIPP

Wenn dein Glas einen anderen Durchmesser hat, kannst du die Anzahl der Fäden ändern. Du musst nur darauf achten, dass die Fadenanzahl durch 4 teilbar ist.

An dieser Fotowand finden alle deine Lieblingsfotos und Postkarten einen Platz.

MAKRAMEE Fotowand

MATERIAL

10 Baumwollfäden (gezwirnt, ø 4 mm) in Grün (jeweils 2 m)

1 Baumwollfaden (gezwirnt, ø 4 mm) in Grün (ca. 60 m) als Aufhängung

Stock (ca. 50 cm lang), Schere, Maßband, 5 Holzperlen, Holzklammern

So wird's gemacht

Befestige immer jeweils zwei Fäden per Ankerknoten (siehe Seite 8) nebeneinander an deinem Stock. Lasse zwischen den Fäden einen Abstand von ca. 8 cm.

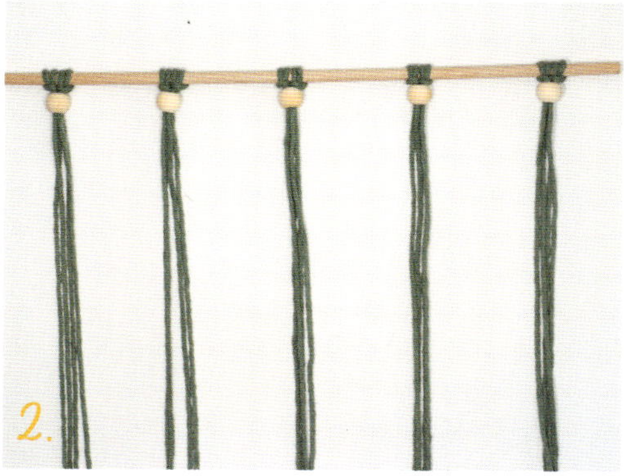

Fädle nun über die fünf Fadenpärchen je eine Holzperle

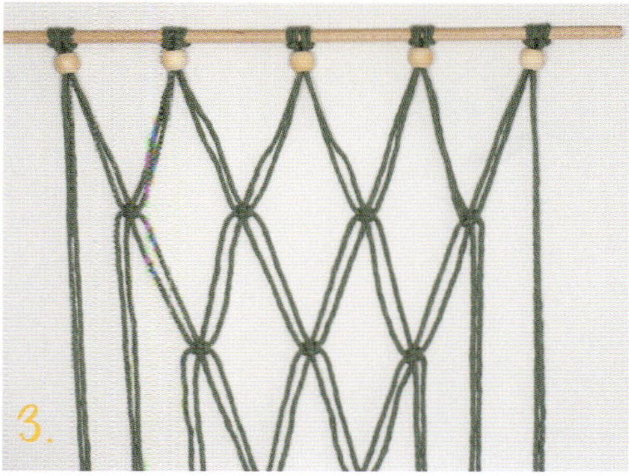

Knüpfe nun mit einem Abstand von ca. 10 cm zwischen den Kreuzknoten das abnehmende Kreuzknotenmuster (siehe Seite 11), sodass ein Netz entsteht.
Jetzt kannst du mit Holzklammern deine Lieblingskarten an den Garnen befestigen!

TIPP

Je größer die Öffnung deiner Holzperlen ist, umso einfacher lässt sich dein Garn durchfädeln.

Über die AUTORIN

Raphaela Hentrich lebt mit ihrer Familie in Bad Tölz und hat 2018 die Liebe zum Makramee-Knüpfen entdeckt. Auf ihrem Instagram Account „Makrameekunst" zeigt sie ihre selbst entworfenen Werke und Ideen. Seit einiger Zeit gibt sie verschiedene Makramee-Workshops im Kreis München. Außerdem verleiht sie ihre großen geknüpften Wandbehänge für Hochzeiten und andere Feierlichkeiten. Was sie besonders liebt, ist die Vielfältigkeit der vielen Knoten und Muster, die die Kunst des Makramee mit sich bringt. So kann sie ihre Kreativität voll ausschöpfen.

Danksagung

Erstmal bin ich dankbar für dich, dafür, dass du dir dieses Buch ausgesucht hast und dich an der Makramee-Kunst ausprobieren möchtest.

Ein weiterer großer Dank geht an meine lieben Kinder, die vieles, was ich für das Buch gestaltet habe, abgesegnet haben und immer sehr begeistert von meinen Projekten sind. Genauso an meinen Mann, der mir immer den Rücken freihält und mich bei allem unterstützt.

Auch bei meiner lieben Schwester Sarah und der lieben Jutta Sixt möchte ich mich bedanken, für die große Unterstützung, was die Kamera und Fotos betrifft.

Natürlich möchte ich mich auch bei der lieben Melanie vom EMF Verlag für die immer gute Zusammenarbeit bedanken.

Noch ein lieber Dank geht an die liebe Susanne vom Seilwerk Paul Dittus (www.pferdeseile.de) für die Bereitstellung der tollen Garne. Ich bestelle schon seit vielen Jahren dort mein Garn und bin immer sehr glücklich mit ihnen.

Impressum

Bibliografische Information der Deutschen Bibliothek.

Die Deutsche Bibliothek verzeichnet diese Publikation in der Deutschen Nationalbibliografie.

Detaillierte bibliografische Daten sind im Internet über http://www.dnb.de/ abrufbar.

EIN BUCH DER EDITION MICHAEL FISCHER

1. Auflage 2022

Covergestaltung: Katharina Bittel

Bilder: © Corinna Teresa Brix, München (Cover- und Aufmacherfotos), © Raphaela Hentrich (Detailfotos S. 9–11, S. 15, S. 19, Stepfotos), © Demetrio Zimino/Shutterstock (Aufmacher Grundlagen)

Redaktion und Lektorat: Melanie Kowalski

Layout & Satz: Alexandra Wolf
Grundlagen (bis auf „Tipps und Tricks"): Josephine Kirsch
Illustrationen: © Mio Buono/Shutterstock

ISBN 978-3-7459-1239-5

Gedruckt bei PNB Print SIA „Jansili", Silakrogs, Ropazu novads, LV-2133, Lettland

www.emf-verlag.de